Rita Kupfer

mein.e ge.dichte

2. Auflage
© 1996 Rita Kupfer Verlag Die Spinnera
Remagen/Rhein und Itzgrund-Welsberg
Umschlaggestaltung: Elmar Zillgen, Idee Rita Kupfer
Satz: Andreas Daniel Julian Kupfer
Herstellung: Books on Demand GmbH Norderstedt
ISBN 3-8311-3339-5

Verlag Die Spinnera

Rita Kupfer

mein.e ge.dichte

Verlag Die Spinnera

Das Werkzeug.

Ich wollte schreiben und ich wurde stumm, als ich erkannte,
daß ich mit dieser Sprache nichts anzufangen weiß.
Daß ich mit dieser männlichen Sprache nicht das ausdrücken kann,
was mir am Herzen liegt.

Wie kann ich als Frau meine Gefühle,
meine Empfindungen beschreiben,
wenn die Begriffe dafür von Männern für Männer gemacht sind.
Frauen haben keine Sprache zu haben.
Und wenn sie schreiben, so ist das männlich.
Und sie haben sich der männlichen Sprache zu bedienen.

Ich komme nicht vor in der Sprache, in der ich schreiben will.
Über Frauen, über Frauen und Männer, über das Leben.
Wie kann ich arbeiten, wenn mein Werkzeug unvollkommen ist.
Wenn ich damit nur Vorgegebenes herstellen kann.

Ich werde mir mein eigenes Werkzeug machen.

Schreiben
kommt
von Schrei.

Ich schleudre mein Verletztsein
aufs Papier.
Die Worte quellen auf
wie Eiter in der Wunde.

Abfließend
Heilung.

Die Kunst.
Genauer. Die Kunst des Schreibens.

Die Kunst
ist
eine Kröte.
Sie sitzt in meinem Bauch
und will da raus.
Sie schafft sich hoch.

Ich spuck sie aus.
Schon sitzt das leidgeladne Tier
auf einem weißen Blatt Papier.

Die Künstlerin.

Künstlerin sein.

Trotzdem
Oder
Deswegen.

Ich Lebe Ganz Die Erste Zeile.

Die
Erste.

Ab
in die
Wüste.

Ab in die Wüste mit diesem
gräßlichen
häßlichen
quengeligen
schnuckeligen
schmusigen
Kind.

Schau nur, wie schelmisch es lacht.
Das Biest.

Ach.

Ach.
Irgendwie
ist mir heut
alles
zu lang und zu kurz
zu steil und zu eben
zu dunkel   zu hell
zu langsam   zu schnell
zu geistreich zu töricht.
Ach.
Mir ist alles schnurz.
Und so
werf ichs zum Kehricht
im Leben
dazu.
Und
gesunde
im
Nu.

Angst.

Angst. Macht deine Hände feucht.
Angst. Macht deine Füße kalt.
Angst. Deine Knie zittern.

Angst. Schlägt deine Augen nieder.
Angst. Lähmt deine Zunge.
Angst. Dein Mund ist trocken.

Angst. Schnürt dir die Kehle zu.
Angst. Engt deinen Brustkorb.
Angst. Dein Herz jagt.

Angst. Dein Kopf ist leer.
Angst. Beugt deinen Rücken
Vor den Mächtigen. Größer als du

Nur deshalb. Weil sie dir
Immer gesagt haben. Du bist klein.
Und du. Hast es geglaubt.

Wo du doch gewachsen bist in all den Jahren.

Anmache.

Du streichelst
Busen, Po und Bauch.
Die Beine
unter anderem
auch.

Mein Gesicht
findest du nicht.

Mann, ich werd dirs zeigen!

Arbeit.

Meine Arbeit.
Deine Arbeit.
Unsere
Arbeit.

Seine Arbeit.
Ihre Arbeit.
Aller
Arbeit.

Keine Arbeit.
Aller
Arbeit.

Aus
geliefert.

Ausgeliefert.
Der Anerkennung.

Angst. Um Liebe.
Hunger. Nach Verstehen.
Dürsten. Nach Zärtlichkeit.
Betteln. Um Zuneigung.
Angst. Um Liebe.

Ich.
Meiner. Deiner.
Eurer. Ihrer.
Aller.

Erbarmen.

Bei Vogels.

Die Vogelin:

Raus mit Euch
Ihr gierigen Schnäbel
Aus dem warmen Nest
Meiner Gefühle.
Euch sind schon die Federn gewachsen.
Morgen lehre ich Euch das Fliegen!
Und dann.
Dann kommt mir recht bald wieder.
Zu Besuch.

Und der Vogel:

Er blickt stumm
Aufs jährliche Szenarium
Und denkt: Oh je,
Scheiden tut so weh.
Ach,
bleibt doch noch ein bißchen.

Betr.: Flurbereinigung W., Denkmal.

Weit
draußen
steht
auf kahler Flur
das große Grabmal
der Natur.
Es mahnt die Menschen
sehet nur.
Wie ihr bereinigt habt
die Flur.

Bilderrätsel 89.

Kirche oben, Kirche unten
und vorn und in der Mitten
die Schranke da, die Brücke weg
das Paradies am rechten Fleck
die Nordzufahrt umstritten.

Links fließt die Neun
und rechts der Rhein.
Ich sehs, ihr Leut, ihr lächelt fein:
Das kann doch nur - Remagen sein.

Das Gerücht.

Es ging das Gerücht
Ich schrieb ein Gedicht
Übers Gerücht.

Ich schrieb es nicht
Das Gedicht
Es blieb ein Gerücht.

Der Haken.

Ich mag mich nicht.
Du magst dich nicht.
Wir mögen uns nicht.

Das ist
der
Haken,

mein.e Liebe.r .

Der Haß.

Verletzt
bin ich.
Tief.

Die   Würde   ließ   ich   mir   nehmen
die ich nicht habe.

Der Schatten.
Die Liebe.
Ich will sie
nicht sehn.

Die Hölle
ist das.
Die
Hölle.

Der Spiegel.

Der Spiegel   der Spiegel
der kriegt von mir bald Prügel.
Ist auch die Story
noch so klein
ne nackte Frau muß
Titel sein.

Ihr Herrn seht meine Prügel:
Da kauf ich halt kein Spiegel.

Der
Stern.

Der Stern
der Stern

der möcht so gern
ein progressives Blatt sein.

Ihr Herren hört
was mich dran stört:

Daß Frauen stets nur nackt sein.

Nicht Busen nur und Po und Bauch.

Merkt : Frauen haben Köpfe auch.

Die Bäumin
von Nausa.

In Nausa auf dem Platz
steht eine Bäumin. Mit ihrem Mann
auf einem steinernen Podest.

Sie steht sehr gerade da

und stolz und alt. Hat vieles
schon gesehn. Und trutzig reckt sie
ihre Arme in den Raum.

Neben ihr da steht
ihr Mann. Ganz weitverzweigt
und krumm. Sehr alt neben seiner Frau.

Gebeugt hat ihn die Sorge
um die Kinder. Sie pflegen.
Sauberhalten. Trösten. Lieben.

Nun sind sie alle aus dem Haus.
Fortgeflogen mit dem Wind
an andre Orte.

Sein Lebensinhalt
ist
dahin.

Nun bleibt ihm nur die Pflege noch
für sein Zuhaus. Und ihrs. Und
das Umsorgen seiner Frau. Die ungebeugt
da steht. Von nichts verdrossen.

Die hatt es gut. Die wurde
stets gepflegt. Geachtet. Und umhegt.
Ihr Wort galt immer. Alle
richteten sich nach ihr.

Doch manchmal hör ich sie
die Bäumin rauschen.

Als wenn sie seufzte. Ob der
harten Pflicht. Die
Ihr Leben stets geprägt.

Die Ordnung.
Die Verantwortung.
Die Härte.

Nie Tränen.
Selten Lachen.
Kaum Zärtlichkeit.

War das.
Leben.

Die Königin.

Ich bin
eine Königin.
Ich bin
meine Königin.
Ich bin
die Königin
meines Herzens.

Und
so
so kannst du kommen zu mir
als mein König

Geliebter.

Drohung.

Du läßt dich gehen.

Ich auch.

Du.

Du. Bist   mein Glück.
Du. Bist   meine Freude.
Du. Bist   mein Leben.

Wird Zeit daß
Ich
von selber
lebe.

Entzug.

Wo
bin ich
und
wer

wenn du mir deine Liebe entziehst

und
ich
mir
meine.

Femmage
à
Hilde
gard.
Ein
Bild in Worten.
Sie verzeihe mir die   ungefragte Nähe die doch vorhanden
zum Vorbild
unbewußt
von
klein auf
für
die Maid
aus
fränkischem Land.
Die Frau
die es wagt voller Kraft
in der Politik.
Die Frau
die sie wahrt ihre Identität
nicht nur
namentlich
erst in der einen Hauptstadt
und dann in der andern.
Die Frau
die ihn offen verurteilt
den Verrat
den so feige
die meisten der andern vollziehn.
Die Frau
die so warm spricht in der Sendung
von der großen Großmutter.
Jüdisch.
Ja. Jetzt verstehe ich noch besser. Ja.
Und die Liberalität ist weiblich.
Seit
ihr
erst recht.

Fremd.

Auch ich
kam dereinst
fremd
aus einer fremden Mutter
in diese fremde Welt.

Und sie hat mich genährt und geborgen.

Fremde.r
dein Anblick
rührt
an meine Angst
hier fremd zu sein und nicht geborgen.

Ich will lernen mit dir zu teilen.
Das Leben. Die Liebe.

Gebrauchsanweisung*

Frum
**
halte
das Geschriebene
genau
gegen das Licht
damit der aufwendige Schliff
gut
zur
Geltung
gommt.

* mit Grüßen nach Dresden   ** frum gleich frau und mann

Gedicht Glas.
Glas Gedicht.

Du bist mein ganz besondres Glas

das sammelt mir
schon weit von oben her
der Wirklichkeit geballte Fülle
schnurgerade aufs Papier.
Das mir den Kreis dann
macht zum

Punkt.

Und
unkt.
Und unkt.

Die Kunst läßt grüßen.

Grenzen I

Ob es denn hülfe
Zäune zu setzen
Hecken zu pflanzen
um aufzuzeigen
daß auch mein Wohlwollen
Grenzen
hat.

Ich werde Stacheldraht nehmen.

Grenzen II

Ich will mich spüren.
Meine Liebe.
Meine Kraft.
Meinen Körper.
Will ganz eins sein mit mir.

Und mit dir.

Grenzen III

Der Raum der mir gebührt
ist der Raum den ich mir nehme.

Und die Falterin breitet ihre seidigen Flügel aus

und schwebt
ihren Fühlern vertrauend
weit hinweg
über alle Grenzen
niemals anstoßend.

Gutenachtgedicht.

Mein Kleinkind. Du.
Ich bring dich jetzt zu Bett.
Und ich bin neben dir.
Und meine Seele ruht sich aus.
Und du. Du plapperst noch.
Bis bald auch deine Seele ruht
Und sich dann senkt
In tiefen Schlaf.

Schlaf süß,
mein Kind.
Schlaf
süß.

Haben I

Haben
darfst du
mich
nicht.

Dafür
bin ich
nett zu dir.

Haben II

Du darfst
mich haben.

Dafür
brauche ich
nicht
nett zu dir
zu sein.

Haben III

Ich freue mich
auf dich.

Nicht mehr
haben.
Nur noch
sein.

HEIL
LOS.

DIE WELT IST AUS DEN FUGEN

IN MIR.
IN DIR.
UM UNS.

ICH
ER
STARRE

DIE TRÜMMER

ICH HALTE SIE
FEST FÜR EIN NEUES HAUS.

Hilfe.

Ich kriege keine Luft.

Du nimmst dir zu wenig.

Ach.

ICH . FÜHLE .

MICH . FREI .

ICH . FÜHLE

MICH   FREI .

ICH FÜHLE .

MICH FREI .

ICH FÜHLE

MICH . FREI .

ICH FÜHLE

MICH FREI .

ICH   FÜHLE

MICH   FREI

```
ICH                              ICH
ICH  FÜHLE                   FÜHLE  ICH
ICH  FÜHLE  MICH        FÜHLE  ICH  MICH
ICH  FÜHLE  MICH  FREI    FREI  FÜHLE  ICH MICH
ICH  FÜHLE  MICH        FÜHLE  ICH  MICH
ICH  FÜHLE                   FÜHLE  ICH
ICH                              ICH
```

mit dank an n.n.

ICH
ICH FÜHLE
ICH FÜHLE MICH
ICH FÜHLE MICH FREI
FREI FÜHLE ICH MICH
FÜHLE ICH MICH
FÜHLE ICH
ICH
ICH FÜHLE
ICH FÜHLE MICH
ICH FÜHLE MICH FREI
FREI FÜHLE ICH MICH
FÜHLE ICH MICH
FÜHLE ICH
ICH
ICH FÜHLE
ICH FÜHLE MICH
ICH FÜHLE MICH FREI
FREI FÜHLE ICH MICH
FÜHLE ICH MICH
FÜHLE ICH
ICH
ICH FÜHLE
ICH FÜHLE MICH
ICH FÜHLE MICH FREI
FREI FÜHLE ICH MICH
FÜHLE ICH MICH
FÜHLE ICH
ICH
ICH FÜHLE
ICH FÜHLE MICH
ICH FÜHLE MICH FREI
FREI FÜHLE ICH MICH
FÜHLE ICH MICH
FÜHLE ICH
ICH

In mir.

Das Göttliche in mir
trocknet meine Tränen
wenn ich gefallen bin.

Das Göttliche in mir
weist mir den Weg
wenn ich ihn verloren habe.

Das Göttliche in mir
hält meine Hand
wenn ich tanze vor Freude.

Un
geheuer
lich.

Mit der Greisin, mit der Alten
ists manchmal nicht mehr auszuhalten.

Du nahmst den Dings
du stahlst mein Geld.

Ist das der Dank auf dieser Welt
was ich im Leben tat für dich.

Und du. Du läßt mich so im Stich.

Mein liebes Kind. Ich warne dich.
Das wirst du bitter einst bereun!

Et cetera.
Oh nein.
Oh
nein!

Der Wechsel.

Dem Ende zu
da wurdest du
wieder
ganz
Kind.

Ich habe dich gefüttert.
Wie du einst mich.

Ich habe dich gebadet.
Wie du einst mich.

Ich habe dich gebettet.
Wie du einst mich.

Mutter.
Liebe.

Und du wurdest endlich
ganz
zufrieden.

Mit dir.
Und mit mir.

So haben wir uns ein zweites Mal getrennt.

Die Lücke.

Wie schade und wie schön.
Du konntest endlich gehn.

Nicht mehr festhalten
am Alten.
Das Neue sehn.

Was bleibt ist der Gedanken Brücke
und
langsam schwindend nur

die Lücke.

Kind.
Kind.

Dich   zu   haben

ist ein

zeitraubendes
schlafraubendes
nervenraubendes
atemberaubendes

Gl ü c k .

Komm.

Komm.

Laß uns güldene Glocken gießen
In die alte Erdenform
Aus glühendem Leben.

Laß uns den irdenen Panzer zerschlagen
Und laß uns schwingen.
Frei in der Luft.

Und laß uns hören
Auf unser Geläute.
Und innehalten.

Oh,
welch ein
Ton.

Kräfte.

Wo rohe Kräfte
sinnlos walten
da läßt sich kein Roman gestalten.
Da wirds nur wieder
ein Gedicht.

Ich mag das nicht.

Keine Lust.

Ich habe

Keine Lust. Zu schreiben.
Keine Lust. Staub zu wischen.
Keine Lust. Zu nähen.
Keine Lust. Wichtigen Brief an den Anwalt zu schreiben.

Keine Lust. Ich zu sein.
Keine Lust. Mich anzuerkennen. Meine Arbeit. Meinen Beruf.
Keine Lust. Zur Selbstverwirklichung.

Meinen Beruf hab ich gefunden. Denk ich.
Aber ausüben will ich ihn nicht.
Zu faul. Zu inkonsequent. Zu träge.

Unfähig zur Organisation.
Zu bequem. Selber Geld zu verdienen.
Lieber aushalten lassen.

Schreiben. Schön im Stillen.
Damit es keine.r merkt.
Dann gibt es keine Kritik.
Aber auch keine Anerkennung.

Na ja. Mal sehen was wird.

krieg und kriegen

so haben wir wieder nicht gut genug aufgepaßt
daß sie uns den krieg servieren
auf silbernem tablett

mit bomben

gift

perfekter
technik

und blut
und blut
und blut

auf schwimmendem öl

und rauch

und

dann

?

Langsam.

Langsam
rollt
der Ball
ganz
langsam
ins entfernte Ziel hinein.

Mit diesem Schlag hab ich gewonnen.
In meinem Herzen   tausend Sonnen.

Und so wird mir
ganz
langsam
klar.

Daß ich
oft
gern
Verlierer
war.

Madonna.

Madonna.

Dein Blick.

Gütig. Wissend. Allumfassend.

Durch mich hindurch

Gehend

Bis in die Tiefen

Meines Seins.

Mich ruhig mahnend:

Was willst du wirklich?

Manch
Mal.

Manchmal   Suche ich meine Gefühle zu dir.
Sie sind mir   verlorengegangen.
                              Plötzlich.
Manchmal   Komme ich dann schier um.
Vor Angst und vor Sorge.
                              Wohin.
Manchmal   Dauert   es   lange
Bis ich sie wiederfinde.
                              Und mich.

Manch
Mal.

Maskerade.

Wenn sie
für ihre
Anzug - Hemd - Krawatte
Maskerade
selbst zu sorgen hätten.

Dann wäre diese Mode
längstens
abgeschafft.
Todsicher.

Maske ab, Messieurs.

Mit dir.

Mit dir
segle ich
selbstvergessen
auf einer Scheibe
über der Welt

nichts mehr von ihr wissend

seit dir.

Mixtur.

Ich hab grad ein Gedicht
gemixt.
Doch wills grad keine.r hören.

Ich dreh und wende mich.
Verflixt.
Ich will ja auch nicht stören.

So pack ichs
leise
wieder ein.

Es hat halt
grad
nicht sollen sein.

Nie
gedacht.
Der Kerl.
Er.

Zerrt   mich   an   den   Haaren.
Schlägt mich
ins Gesicht.

Tritt mich
in den Bauch.
Spuckt.   Mich.   An.

Und   Ich.

Lasse   mir   alles   gefallen.

Nie gedacht.

Aber   auch nur. Weil er erst sechs Monate alt ist.

Ohne Titel.

Ich habe
ein Vaterland
ein Vaterhaus.
Mutter hat wohl nur wohnen dürfen.
In Vaters Haus.

Ich lebe
in meinem Vaterland.
Das Land gehört meinem Vater.
Allen Vätern.
Die Mütter sie kommen nicht vor.
Im Land der Väter.

Ich spreche
in meiner Sprache.
In meiner Muttersprache.
Ja, das ist es, was man den Müttern zubilligt.
Daß sie reden.
Zuviel reden. Sagt man.

Aber in meiner Sprache
kommen die Mütter
nicht vor. Und
nicht ihre Töchter.

Man meint.
Und das meint Mann meint.
Mann denkt.
Mann fühlt ?

Nein. Fühlen darf keine.r.
Nicht Mütter.
Nicht Töchter.
Und erst recht nicht Väter und Söhne.

Das ist es
was sie nicht dürfen.
Gefühle sind in unserer Welt
den Herrschenden verboten.
Gerade denen.

Wahnsinn.
Die hätten Gefühle so bitter nötig.
Wie wir.

Rausch.

In deinen Armen
will ich
fallen

so
tief
wie es nur irgend
geht.

Weil ich weiß.
Du fängst mich auf.

Rheinische
Erkenntnis.

Das

Selbstbewußtsein
wat
zerknittert

und innen manchmal
schon
verbittert

und außen heut ganz grau und fahl.

Oh. Leeve Jod. Och ich wädn en Ahl.

Sehnsucht.

Sehnsucht. Das schwangere Wort.
Sehnsucht. Nach jenem Ort.
Sehnsucht. Gehen von dort.

Sehnsucht. Nach alt und nach neu.
Sehnsucht. Die Nacht ist vorbei.
Sehnsucht. Ein wilder Schrei.

Sehnsucht. Nach dir und nach mir.
Sehnsucht. Und ich bin hier.

Sehnsucht. Und stets auf der Flucht.
Sehnsucht. Sehnsucht.

So eng.

Es ist alles
so eng
Um mich herum.

Du.   Ich.
Die andern.

Der Alltag frißt mich auf.

Ich will da raus.
Kommst du mit

Oder will ich alleine gehn.

Sommer.

Sommer.

Du   bist   mein   Freund.

Grünes Gras.
Grüne Bäume.
Bunte Blumen.
Herr.lich .

Sie haben dich
männlich benannt
in deiner bunten Vorreife.

Ich bange um den August
mit frühem Pflaumenkuchen
und verirrten gelben Blättern
und kürzer werdenden Tagen.

Ich   will   dich   nicht   verlieren

Sommerin.

Spiele.

Komm, wir spielen
das Spiel der Spiele
Aug in Auge
Zahn an Zahn
und Haut auf Haut.

Unsere Lippen. Unsere Hände.
Ja. Und
Herz ist Trumpf.

stille

wo bist du
wo bist du
wo bist du

hier

ach bleib doch
ach bleib doch
ach bleib doch

bleib.

Strahlend.

Strahlend
Kommt er herein
Aus dem Mairegen
Jenen Jahres

Und küßt sie
Strahlend vor Wiedersehensfreude
Mitten auf den Mund.

Idiot.
Sagt sie.
Idioten.

Ihr gottverdammten Idioten alle.

STURM II

ICH BERGE
DICH
AN MEINEM
BUSEN
UND MICH
AM DEINEN.

WIEDER EINMAL
IST EIN
STURM
ÜBER UNS
HINWEGGEGANGEN.

Sucht.

Ich bin

auf der Flucht

auf der Flucht

auf der Flucht

vor mir selbst.

Vor meinem Leben.

Aber nicht mehr lange.

TRIPTYCHON

	HERR	
	DARF	
HERR	ICH	HERR
ICH		BIN
HABE	HERRIN	ICH
ANGST		ES
VOR DEM	ZU	WIRKLICH
WAS SIE	DIR	WERT
MICH	SAGEN	GELIEBT
ÜBER	*	ZU
DICH	SO	WERDEN
GELEHRT	ES	*
HABEN	DANN	IMMER
	HILFT	

Umsonst.

Ich habe gewinselt.
Bin auf dem
Bauch

gekrochen.
Ich habe mich
gewunden

wie ein Wurm
um deine Liebe zu bekommen.
Umsonst.

Umzug.

Zwölf Monate ist es schon her
Und ich ziehe noch immer.
Die alten Möbel
Am neuen Platz
Noch Nicht
Die Bilder.

Gedanken und Gefühle
Hinken hinterher.

Neu
Orientierung.

Mein
Herz sucht sich Heimat.

Zug um Zug.

Vergangenheit und Zukunft.
Zeugung
und
Geburt.

Sie.
Daran kannst du sehen
was die Frau macht
aus dem bißchen
was
vom
Mann
kommt.

Er.
Daran kannst du sehen
was die Frau macht
aus
dem
was
vom
Mann
kommt.

Verloren.

Verloren
fühl ich mich. Sehr.
Wenn ich morgens aufwach fühl ich mich schon
Verloren.
Abends hatt ich noch so viele Pläne.
So viel Energie.
Aber ich schreib nichts davon auf.
Morgen denk ich wirds schon werden.

Nix is.

Ich schlafe. Schlafe. Schlafe.
Wache kaum auf. Und im Aufwachen erkenne ich
Die Mühsal des Tages.
Ich weigere mich
Den warmen Schoß des Bettes zu

Verlassen.
In die unwirtliche Welt hinauszugehn.
Mein Kopf ist so leer von Gedanken.
Angefüllt mit Strudeln
Die mich hinziehen
Wo ich nicht hin will.

Meine Glieder sind schwer.
Ich kann sie nicht gebrauchen.
Ich bin gelähmt.

Gelähmt.

Wann werde ich mich.
Wieder bewegen.

Zu Hause.

Ich klopfe an
bei mir.
Nichts.

Ich rufe.
Ich schreie.
Und im Schreien erkenne ich.

Ich bin
außer mir.
Ich bin nicht

zu Hause.

Und ich will doch zu mir kommen.

Kopfsprung.

Tauche ich ab
Oder tauche ich unter.

Nein.
Nein.

Ich tauche auf.

Ankunft.

Ich bin
auf dem Weg
zu mir.

Keine Frage.
Ich komme an.

Inhaltsverzeichnis

Der Verlag Die Spinnera

Eine Überlieferung aus dem fränkischen Ort Itzgrund-Welsberg gab dem Verlag seinen Namen. Noch zu Schulzeiten der Autorin haben sich die Kinder ihres Heimatortes mit dem nachfolgenden Text beschäftigt und das Gedicht auswendig gelernt. Möglicherweise hat sich hier ein Mythos aus matriarchaler Zeit erhalten, der später im Sinne der christlichen Lehre umgedeutet wurde .

Die Spinnerin. Früher kamen die jungen Burschen und Mädchen etwa zweimal in der Woche zusammen in der sogenannten Licht- oder Spinnstube. Eines Tages stellte sich ein Mädchen aus dem benachbarten Sorghof ein und brachte ein Spinnrädchen mit. Die Mädchen webten und strickten, spannen und häkelten. Bei der Arbeit sang das Mädchen gar lieb und fein, doch vor zwölf Uhr ging sie hinaus, und vor der Türe stand seltsamerweise ein Bock, der sie nach Hause trug. Einmal hatten nun die Burschen die Uhr eine halbe Stunde zurückgestellt. Als die Uhr Mitternacht anzeigte, wollte das Mädchen wieder fortgehen. Da verrieten ihr die Burschen, daß sie die Uhr verstellt hatten. Das Mädchen bekam Angst, und weil früher viele Leute abergläubisch waren, sorgte sich das Mädchen sehr. Doch ihr seltsames Reittier galoppierte weiter, am nächsten Tage fand man sie tot bei der Kreuzung liegen.

Die Spinnera.

Zu Welsberg an der Eichen
Einst eine Lichtstub´ war,
Die Burschen und die Mädchen
Sie kamen jedes Jahr.

Sie spannen, tanzten, sangen
In lauter Lust und Lieb´.
Die Zeit ist rasch vergangen.
Die Pflicht sie heimwärts trieb.

Da stellt´ sich auch ein Mädchen
Von Sorghof öfter ein,
Das brachte mit sein Rädchen
Und spann und sang gar fein.

Ging heim es mitternächtig
Da stand bereit ein Bock,
Der trug es ganz bedächtig
Stets über Stein und Stock.

Doch einmal ward zu lange
Die Lichtstub´ ausgedehnt,
Da wurd dem Mägdlein bange
Es hat sich heimgesehnt.

Es glaubte nicht zu kommen
Heut übern Kreuzweg hin,
Doch hat das Tier genommen
Wie sonst die Spinnerin.

Kaum war der Ritt beendet
Lags Mägdlein tot im Gras.
Der Teufel hats vollendet
Sein Werk in Zorn und Haß.

Noch immer deckt die Spuren
Ein Stein mit Kreuz und Rad
Vom Volk die Stell´ der Fluren
Den Namen "Spinnera" hat.

Verfasser.in unbekannt

Rita Kupfer

Geboren 1949 in Welsberg bei Coburg. Erste Texte 1977. Lyrik und Prosa. Veröffentlichungen in Anthologien und Zeitschriften. 1996 handgefertigter Kunstband 'mein.e gedicht.e' in limitierter Auflage. Seit 1998 Ausstellungsreise 'GRENZEN: Im Zickzack über die ehemalige Zonengrenze' abwechselnd an Orte diesseits und jenseits des ehemaligen Eisernen Vorhangs. Lesungen. Ausstellungen mit Gedichtbildern und Literarischen Objekten.